Sternenlicht

Nelia Funk

Sternenlicht

Ein lyrischer Adventskalender

Bibliografische Information der Deutschen Nationalbibliothek: Die Deutsche Nationalbibliothek verzeichnet diese Publikation in der Deutschen Nationalbibliografie; detaillierte bibliografische Daten sind im Internet über http://dnb.dnb.de abrufbar.

Bilder: Pixabay

Herstellung und Verlag: BoD – Books on Demand, Norderstedt

ISBN: 978-3-7568-5684-8

Auch als E-Book erhältlich.

Für CAM

STILLE

In der Stille dieser Tage
ergibt sich manche Frage.

Was vermag echtes Sein?
Was verspricht der Schein?

Antworten darauf gibt es viele.
Und es zeigen sich ganz neue Ziele.

In der Stille dieser Zeit
scheint der Mensch zu allem bereit.

Nicht selten betritt er unbekannte Wege
und begegnet unterwegs seiner Seele.

In aller Stille lässt er es geschehen.
Denn nichts ist schöner, als sich selbst zu sehen
und für Momente das ganze Universum zu verstehen.

DEIN WINTERTRAUM

Winterträume sind sehr rar.
Nur manche werden wirklich wahr.
Einer davon zeigt sich hier,
und er gehört natürlich dir.

Kannst du sehen, was sich zeigt?
Wie der Himmel sich erdwärts neigt?
Wie Sternenlichter dich umringen,
um dir etwas Glanz zu bringen?

Kannst du hören, was erklingt?
Wie dein Wintertraum gelingt?
Wie Engelsstimmen darin schwingen,
um dir ein Abendlied zu singen?

Kannst du fühlen, was geschieht?
Wie ein stiller Zauber sich vollzieht?
Wie das Mondlicht dich berührt
und dich in seine Welt entführt?

Wenn du alle Zweifel aus deinem Herzen verbannst
und dafür sehen, hören und auch fühlen kannst,
hat sich dein Wintertraum bereits erfüllt,
der dich ungefragt in sein Glück einhüllt.

STERN DER LIEBE

Ein Stern der Liebe
strahlt dir entgegen,
will nichts als deine Seele bewegen,
hat somit nur eines im Sinn
- den steten Neubeginn.

Ein Stern der Liebe
leuchtet durch dich hindurch,
bändigt damit all deine Furcht,
kennt somit nur ein Geschick
- den himmlischen Blick.

Ein Stern der Liebe
glänzt in deiner Mitte,
lenkt jeden deiner Schritte,
vermittelt somit nur eine Sicht
- die des ewig strömenden Lichts.

Willst du ihm jemals gleichen,
so lass dich von ihm erreichen
und dich von seinem Schein erweichen.
Werde selbst zu einem Liebestern
und sei dir gleichsam nah und fern.

4

IN DER STILLE DER NACHT

Ganz leise senkt sich Sternenstaub
auf die noch schlummernde Menschheit herab.

Erst bemerkt sie es kaum,
doch dann erwacht sie aus ihrem Traum.

Illusionen und Bedenken vergehen.
Sie können nicht weiter bestehen.

Vorbei die Zeit des ewig Ungewissen.
Vorbei die Zeit der ungeahnten Verblendung.

Erhabenes Leuchten bestimmt das neue Sein.
Menschenherzen sind erfüllt von Lichterperlen,
verwandeln sich in ihre wahre Form.

Glänzendes Wissen reißt sie alle aus tiefstem Schlaf,
und wissender Glanz beendet all ihre Furcht.

Ein jeder ist sich gewahr:
Nichts Trennendes ist existent.

In der Stille der Nacht
wird der Mensch selbst zum Stern,
erkennt endlich seinen innersten Kern.

Wie neubelebt ist der Geist der unaufhörlichen Liebe,
und mitten im Geschehen herrscht nichts als
mitreißender Friede.

VON MENSCHEN UND ENGELN

Es heißt, die Menschen seien Engel,
die durch den Fall ins Bedingte
nur ihre Erinnerung verloren haben.

Ferner besagt die Legende,
dass Engel, die Menschen geworden sind,
ihre Flügel nur unsichtbar tragen.

Ob Mensch oder Engel –
schlägt nicht in jedem von uns ein Herz,
das auch ohne Flügel die Höhen der Liebe erreicht?

Ob Engel oder Mensch –
ruht nicht in jedem von uns eine Seele,
die in ihrer Leichtigkeit dem Flug des Geistes gleicht?

Dies sind Fragen,
die man sich zwangsläufig stellt,
wenn man sich dem Wesentlichen hinzugesellt.

TANZ & LIED DER STERNE

Sieh in weiter Ferne den Tanz der Sterne.
Nur ein Blick dorthin zeigt dir den Welten Sinn,
der erst mit diesem Licht beginnt.

Wisse:

Tanzende Sterne sind es,
die dein Wesen leiten.
Tanzende Sterne sind es,
die dir neue Wege weisen.

Höre in weiter Ferne das Lied der Sterne.
Nur ein Klang von dort zeigt dir jenen Lebensort,
wo es noch gilt, das erhellende Wort.

Verstehe:

Singende Sterne sind es,
die deine Zunge lenken.
Singende Sterne sind es,
die dir neue Ziele schenken.

In diesem Wissen
wirst du bald selbst zum Stern,
denn in diesem Wissen
bist du ganz nah am seienden Kern,
dem ewigen Herzen gar nicht mehr fern.

LICHT (1)

Aus Licht erdacht ist unsere Welt,
mit der es sich zum Teil so seltsam verhält.

Von Licht umgeben wandeln wir auf ihr
und denken dabei nur an unser Jetzt und Hier.

Nur mit Licht genährt schreiten wir voran
und tasten uns damit ans Ungeahnte heran.

Denn nur von Licht getragen ist dieses Leben,
mit dem wir mehr als nur Weisheit anstreben.

Durch und durch von Licht erfüllt ist unser Sein,
so als gäbe es ihn nicht - den Weltenschein.

Aus Licht gereift ist unser gesamtes Werden,
das wir nicht mehr hinter Schattenhaftem verbergen.

Einzig von Licht durchflutet ist unser Weltenweg,
den jede Seele für sich als unumgänglich versteht.

Kurzum, nichts als Licht bewegt die Welt,
obwohl sie sich zum Teil so seltsam verhält.

WINTERSTILLE

Winterstille
nenne ich die Zeit,
in der die Seele ausruht
und zum Gewahrsein aufruft.

Diese Winterstille
kenne ich als Zeit,
in der die Außenunrast aufhört
und innerste Ruhe einkehrt.

Genau diese Winterstille
nehme ich als Zeit,
um im Augenblick zu verweilen
und nicht durchs Sein zu eilen.

Diese, meine Winterstille
ist fürwahr die beste Zeit,
um nach innen zu lauschen
und im Geiste dahin zu rauschen.

Denn in der Winterstille
erkenne ich eine Zeit,
in der das Leben in sich ruht
und nicht mehr nach Antworten sucht.

Denn in der Winterstille
offenbart sich eine Zeit,
in der sich das Sein vom Schein befreit
und worin sich nichts als Wahrheit zeigt.

Die Winterstille
sei deshalb auch für dich eine Zeit,
in der sich Einsichten ergeben,
die deine Ansichten beleben.

Alles in allem
sei die Winterstille an sich
für dich und auch mich
einfach eine Zeit für sich!

STERNENLICHT

Sternenlicht
in und über dir,
um dich herum –
einfach überall.

Es zieht dich an,
so du es ersehnst.
Es fängt dich ein,
so du es wünschst.

Es hellt dich auf,
so du es lässt.
Es macht dich frei,
so du es willst.

Erkenne es in allem,
was je war und ist,
dann wird es erstrahlen –
dein eigenes Sternenlicht.

∗**10**∗

ETWAS ÜBER DIE LIEBE (1)

Immer wenn Liebe erscheint,
macht sich das Sein bereit,
mehr zu streben,
mehr zu geben,
mehr zu leben.

Dann ist nichts mehr monoton.
Dann wirkt alles sehr synchron:

Zeitgleich entsteht in jeder Form
ein unverwechselbares Samenkorn,
aus dem sich, abseits jeder Norm,
bald Außerordentliches formt.

Letztendlich ist es die Liebe zum Sein,
die hier auf allen Ebenen erscheint
und alles Beseelte wieder vereint.

ETWAS ÜBER DIE LIEBE (2)

Dass die Menschenherzen
zu einem einzigen verschmelzen.

Dass die Menschenseelen
sich wie Tag und Nacht berühren.

Dass der Menschengeist
den Weg hinter den Horizont weist.

Das ist schon alles, was die Liebe will.
Mehr ist es wahrlich nicht.

WINTERLIED

Der Winter singt sein Lied,

in dem er sich des Windes bedient.

Dieser wiederum zaubert Klänge in die Nacht,

bis selbst der traurigste Engel wieder lacht.

Mit wildem Rauschen und Sausen und Brausen

richtet er sich an alle Frostbanausen,

die nicht mehr an die Winterwonnen glauben.

Und er wirbelt mit ebengleicher Kraft

alles an seinen vorbestimmten Platz:

Schneeflocken landen sachte auf Dächern und Bäumen

so wie Eiskristalle auf Simsen und Zäunen.

Wie mit dem Zauberpinsel gemalt,

zeigt sich der Winter - und prahlt:

„Ich singe euch mein Lied,

in dem nur Wunderbares geschieht."

So schneit und friert es in einem fort

an jedem noch so versteckten Ort.

Und es klingt und schwingt und singt,

das schönste Winterlied im Wind.

★12★

WEIHNACHTSIMPRESSION

Jetzt wird es wieder Zeit,
dass die Seele sich befreit.

Bei Tag in glanzsanftes Licht getaucht.
Bei Nacht über manche Sinnfrage erstaunt.

Kein Raum mehr für Illusionen.
Nur der Wunsch nach mehr Visionen.

Viele wenden sich dem Reiz der Stille zu,
der irgendwo im Reich des Geheimen ruht.

Mit allen Sinnen schauen, lauschen und gewahren
und dabei nichts als Wohlsein erfahren.

Die eigenen Herzqualitäten entdecken,
und die Seele aus dem Tiefschlaf wecken.

So kehrt mehr und mehr klarste Einsicht zurück
und beschert auch dem Geist das reinste Glück.

Und nichts hält die Menschenseele noch davon ab,
einfach einzutauchen in die eigene Pracht.

All dies in einer Zeit,
in der nichts Unliebsames geschieht,
weil sich einzig und allein Befreiendes vollzieht.

⋆**13**⋆

LICHT (2)

Sternenhell
wird die Erdennacht
durch deine sanft leuchtende Macht,
die wieder Liebe in uns entfacht.

Sternenklar
wird jede Menschenseele,
durch deine still versöhnlichen Befehle,
die uns wieder mit Einsicht beseelen.

Sternengleich
wird selbst der Weltenschmerz
durch dein tief empathisches Herz,
das alle unsere Zweifel ausmerzt.

Dein Sternenlicht
durchbricht die Nacht,
erreicht jede Seele,
besticht jedes Herz -
so lange,
bis nichts mehr ist
außer Licht –
nichts als Licht.

WINTER

Es gibt sie noch -
die Winter-Zauber-Zeit.
Sie hüllt uns in den Mantel der Sorglosigkeit,
begleitet auch dich ins Land der Geborgenheit.

Komm mit hinein -
in diese Winter-Wunder-Welt,
die jeden Winkel deiner Existenz erhellt
und zahlreiche Lichtmomente für dich bestellt.

Bleib einfach da -
in dieser Winter-Traum-Magie.
Sie löst dich von aller Lebensidiotie
und zeigt dir eine bessere Seinsstrategie.

Schau dich nur um -
in diesem Winter-Stille-Sein.
In ihm ist jeder Gedanke groß und niemals klein.
Neue Ideen entstehen hier nicht nur zum Schein.

Geh nie mehr fort -
von diesem Winter-Wonne-Ort.
Kehr nie mehr zurück -
in den Welten-Wahnsinns-Hort.
Versprich es -
das Seelen-Stern-Licht nimmt dich beim Wort.

EIN   WEIHNACHTSTRAUM

In jener Nacht
kam der Himmel zu uns herab.

Denn in jener Nacht
ward ein Sternenkind gebracht.

In jener Nacht
wurden alle Schatten zu Stein.

Denn in jener Nacht
kehrte das Licht wieder heim.

In jener Nacht
verlor aller Schein seine Macht.

Denn in jener Nacht
ward die Liebe neu entfacht.

In jener Nacht
wurden wir zu seiendem Meer.

Denn seit jener Nacht
ist unser Traum keiner mehr.

WUNDERWEISSE TAGE

An wunderweißen Tagen
stell' ich mir manche Fragen.

Warum ist es kaum noch wundermagisch?
Warum ist es oft so ausnahmstragisch?

Wieso ist es so selten wunderleise?
Wieso tönt es meist auf lärmende Weise?

Wo ist sie nur hin - die Wunderstille?
Wo versteckt sich nur der Sternenwille?

Ja,
an wunderweißen Tagen
stell' ich mir solche Fragen.

Und siehe da,
die Antworten bleiben nicht aus,
sprudeln just aus dem Nichts heraus.

Es sind so wunderweise Ideen.
Ich kann sie augenblicklich verstehen.

Sie sind ganz und gar universell,
machen alles wieder sinnig-hell.

Nicht nur für mich,
sondern ebenso für dich.

★17★

W E I H N A C H T S W U N D E R B A R

W ir träumen alle einen Traum.

E inen von Freiheit, Glück und Liebe.

I mmer und immer wieder.

H eute wird er vielleicht wahr.

N achts, wenn der Stern der Sterne erstrahlt.

A lle Lebenstragik löst sich auf.

C höre des Himmels singen es schallend hinaus.

H eute wird das Unerreichbare erreichbar.

T raumhaftes wird ganz und gar real.

E ndlich ist alles, wie es vielleicht schon einmal war.

N ichts als weihnachtswunderbar.

⋆18⋆

»DIE MEHR-ODER-WENIGER-WEIHNACHTSWUNSCHLISTE«

Mehr Taten und weniger Getue.

Mehr Stille und weniger Trara.

Mehr Auf-jeden-Fall und weniger Vielleicht.

Mehr Fülle und weniger Hülle.

Mehr Unbedingt und weniger Nein.

Mehr „Ohos" und weniger „Achs".

Mehr Ahnung und viel weniger Bla-Bla.

Mehr Du und Wir und weniger Ich.

Mehr Trost und weniger Trotz.

Mehr Wollen und weniger Müssen.

Mehr Witz und weniger Spott.

Mehr Vielfalt und weniger Einfalt.

Mehr Geist und weniger Kampf.

Mehr Doch und weniger Aber.

Mehr Hier und weniger Dort.

Mehr Jetzt und weniger Früher oder Später.

Mehr Sinn und weniger Wahn.

Mehr Licht und weniger Schatten.

Mehr Sein und weniger Haben.

Mehr Liebe und weniger Angst.

Mehr oder weniger von alledem!

✶19✶

DAS WUNDER DES SEINS

Wunderleise
macht sich ein Stern auf die Reise.

Wunderweise
zieht er seine Strahlenkreise.

Etwas sehr Wundersames
geschieht daraufhin.

Jene, die vertrauen, können sie fühlen.

Jene, die glauben, können sie erkennen.

Jene, die verstehen, können sie berühren.

Es ist reinste Sternpräsenz,
die ganz leise, aber weise
das Wunder des Seins
bringt und verschenkt.

20

WINTERIMPRESSION

In dieser Winterstille, die alles Mögliche ist, nur nicht still, weilen wir mit kristallklaren Sinnen und erwarten nur eins: Engelsstimmen, die erlösende Botschaften bringen! Alljährlich erwarten wir sie voller Sehnsucht, und wer von uns an sie glaubt und dann tatsächlich vernimmt, ist prompt geheilt vom Wahnwitz dieser verrückten Welt, die sich wie jedes Genie bereits für vollkommen hält.

In dieser Winterstimmung, die alles Mögliche ist, nur nicht zum Aufgeben bestimmt, sitzen wir im Kerzenschein beisammen und befragen unser ahnendes Herz: Ist denn alles hier nur ein Himmelsscherz? Wann wird er endlich weichen, unser Weltenschmerz? Auch diesmal kommt die Antwort prompt und wie zu erwarten: Weder Scherz noch Schmerz ist dieses Leben. Es ist nur ein Spiel der Gegenpole. Denn wie kann es Tage ohne Nächte und wie Wärme ohne Kälte geben? Absolut unvorstellbar wäre dies. Keiner wüsste, was dies Leben wäre, was es sollte und wollte. Wirklich keiner.

In dieser Winterzeit, die alles Mögliche ist, nur nicht von Dauer, stirbt das Verlangen nach unnötigen Fragen und jeder wird sich allmählich wieder seiner Selbst gewahr. Die Welt hört auf, sich zu hinterfragen, und der Mensch fängt an zu verstehen: Alles war einmal irreal und wirkt zurzeit ziemlich surreal. Aber gen Ende wird alles wieder sein, wie es in seinem Ursprung immer schon war: sehr plausibel und absolut genial.

W I N T E R S T E R N

W enn das Winterwunder geschieht.

I n Zeiten von Tumult und Idiotie.

N immt die Hoffnung auf die große Wende wieder zu.

T rägt uns jemand bald die Nachricht vom Ende zu.

E rinnerungen an die Weltenschatten schwinden schon.

R eißen allen Irrsinn vom unerwünschten Thron.

S tattdessen stellt sich schillernd Lichtglanz ein.

T raumgleich und titanisch wirkt all sein Schein.

E s wird nun Zeit für das nächste Stern-Intervall.

R igoros und absolut kommt alles Herzlose zu Fall.

N aturgemäß regiert wieder der Liebe-Geist überall.

22

ÜBER WINTERLICHTER

Winterlichter
brechen sich unbemerkt Bahn,
offenbaren den ganzen Weltenwahn.

Winterlichter
durchleuchten das Samtblau der Nacht,
enthüllen den Weltentraum mit aller Macht.

Winterlichter
durchschimmern Raum und Zeit
und streifen dabei die Unendlichkeit.

Winterlichter
sind ein Trost in der Not,
machen das Weltentrugbild zum Verbot.

Winterlichter
verweigern sich dem Schein,
aber öffnen sich radikal dem Sein.

Winterlichter
erhellen dich und mich
und sind dabei ein Phänomen für sich.

Über Winterlichter
ließe sich noch viel mehr sagen,
doch lieber nicht das Übermaß wagen.

Denn Winterlichter
sind Wunderwerke sondergleichen,
für deren Präsenz kaum Worte reichen.

STERNENTOR

Sternentor - öffne dich.
Breite deine Flügel aus - ganz weit.
Lass uns hinein ins Licht.
Wir wollen sie wiedersehen - die absolute Welt.

Sternentor – bleib sperrangelweit offen.
Schließe dich nicht mehr - niemals.
Lass uns hinein und hinaus.
Wir wollen zwischen den Welten reisen.

Sternentor - sei unverkennbar.
Zeige deine Präsenz - jetzt und hier.
Lass uns hindurch - jederzeit.
Wir wollen in beiden Richtungen wandeln.

Sternentor - sei manifest.
Offenbare deine Wunder - für immer.
Lass uns zwischen Schein und Sein pendeln.
Wir wollen Weltenwanderer sein.

Sternentor - bleib sichtbar.

Versprühe deinen Glanz - in einem fort.

Lass uns Teil deiner Kraft sein.

Denn wir wollen mit DIR das Hier und das Dort einen.

GESCHENK DER WEIHNACHT

Zauber dieser Winternacht -
wie aus Sternenstaub gemacht.

Steinerne Herzen brechen,
ohne zu widersprechen.

Die Rastlosen kehren Heim -
große Ruhe hüllt sie ein.

Aller Umtrieb nur noch Schall -
Seelenstille überall.

Gedankenlast löst sich auf –
dafür Lichtleichtes zuhauf.

Tiefe Dankbarkeit kommt auf,
schließt das Tor zur Liebe auf.

Himmlische Nähe erscheint,
lässt uns wieder kindgleich sein.

Ungehemmt passiert all das –
nahezu kometenhaft.

Ja, das Geschenk der Weihnacht -
magisch wie eine Traumnacht.

Inhalt

Über die Autorin

Wenn Nelia Funk nicht gerade Gedichte schreibt oder liest, ist sie als freie Texterin, Biografin und Lektorin tätig. Denn auch die Worte, Gedanken, Ideen, Erfahrungen und Erkenntnisse anderer ziehen sie magisch an. Mit ihrer Tochter, ihren Hunden und Katzen lebt Nelia Funk in der Nähe von Bielefeld.